RÉPERTOIRE

DES

QUADRILLES FRANÇAIS

ET ANGLAIS

Lanciers, Calédonien, Américains

ET LA

DESCRIPTION DE LA VALSE

Selon les principes

Par MM. BOIZOT Père et Fils

PROFESSEURS DE DANSE

RUE SAINT-HONORÉ, N° 247

Prix : 2 francs

A PARIS

CHEZ MM. BOIZOT, PÈRE ET FILS,

AUTEURS-ÉDITEURS,

Rue Saint-Honoré, 247.

1860

RÉPERTOIRE

DES

QUADRILLES

FRANÇAIS & ANGLAIS

PAR

MM. BOIZOT PÈRE & FILS

Professeurs de Danse

—

PRIX : 2 Fr.

REPERTORY

OF FRENCH AND ENGLISH

QUADRILLES

BY

M͏ʳ Boizot

DANCING - MASTER

—

FIRST SET.

OBSERVATION GÉNÉRALE

Des personnes aujourd'hui prétendent que l'on ne danse plus, que l'on ne fait que marcher; mais moi, comme professeur, je pense qu'il est très difficile d'exécuter les pas de la contredanse en marchant, car pour marcher les pas, je puis assurer qu'il faut qu'ils soient faits avec précision, grâce, légèreté et mesure; lorsque l'on danse, l'on doit toujours donner aux enchaînements des figures de la contredanse ce qu'elles demandent.

FIRST SET. — N° 1.

CHAINE ANGLAISE.

Chaîne anglaise.	16 temps.
Balancez.	8 temps.
Tour de mains.	8 temps.
Chaîne des dames.	16 temps,
	en tournant à gauche.
Queue du chat.	8 temps.
Demi-chaîne anglaise.	8 temps.

Contre-partie pour les 4 autres.

FIRST SET. — N° 2.

L'ÉTÉ.

En avant deux, 4 temps; et en arrière, 4 temps.
Chassez à droite, 4 temps; et déchassez, 4 temps.

Traversez.	8 temps.
Chassez et déchassez,	8 temps.
Balancez.	8 temps.
Tour de mains, à vos places.	8 temps.

Contre-partie pour les 6 autres.

FIRST SET. — N° 1.

PANTALON.

Right and left.
Balancez and turn partners.
Ladie's chain.
Half promenade.
Half right and left.
    The same for the 4 others.

FIRST SET. — N° 2.

L'ÉTÉ.

Opposite lady and gentleman advance and
    retire.
Chassez to the right and left.
Cross over.
Chassez to the right and left.
Balancez and turn partners to places.
    The same for the 6 others.

FIRST SET. — N° 3.

LA POULE.

Traversez en donnant la main droite. 8 temps.
Retraversez   id.   main gauche. 8 temps.
Balancez quatre en ligne.   8 temps.
Demi-queue du chat.   8 temps.
En avant deux et en arrière.   8 temps.
Dos à dos, même chose.   8 temps.
En avant quatre.   8 temps.
Demi-chaîne anglaise.   8 temps.

Contre-partie pour les 6 autres.

FIRST SET. — N° 4.

LA TRÉNIS.

Le cavalier conduit sa dame en avant et en arrière.   8 temps.

Le cavalier conduit sa dame en avant une deuxième fois, la conduit à la gauche du cavalier de vis-à-vis, et recule en arrière seul.   8 temps.

FIRST SET. — N° 3.

LA POULE.

Opposite lady and gentleman cross over giving
the right hand.
Cross back again giving the left.
Form the line across.
Half promenade.
Opposite lady and gentleman advance and retire
Back to back.
Four opposite advance and retire.
Half right and left.
The same for the 6 others.

FIRST SET. — N° 4.

LA TRÉNIS.

One lady and gentleman holding hands advance
and retire twice, the gentleman leaving
the lady on the left of the opposite
gentleman.

Le cavalier traverse au milieu des deux dames,
8 temps ; et les dames traversent à l'oppos:
en croisant.

Chassez et déchassez.	8 temps.
Balancez.	8 temps.
Tour de mains, à vos places.	8 temps.

Contre-partie pour les 6 autres.

FIRST SET. — N° 4.

LA PASTOURELLE.

Le cavalier conduit sa dame en avant et en
arrière. 8 temps.

Le cavalier conduit sa dame en avant une
deuxième fois, la conduit à la gauche du
cavalier de vis-à-vis, et recule en arrière
seul. 8 temps.

En avant trois, deux fois.	16 temps.
Le cavalier seul deux fois.	16 temps.
Tour à quatre.	8 temps.
Demi-chaîne anglaise.	8 temps

Contre-partie pour les 6 autres.

Two ladies cross over and the gentleman passes
between, back again to places.
Balancez and turn partners.
The same for the 6 others.

FIRST SET. — N° 4.

LA PASTOURELLE.

The gentleman and lady advance and retire
twice, leaving his lady opposite.
The three opposite advance and retire
twice.
The gentleman alone advance and retire twice.
Hands tour half round.
Half right and left.
The same for the 6 others.

FIRST SET. — N° 3.

LA FINALE.

Le grand rond ou chassez huit.	16 temps.
En avant deux.	8 temps.
Chassez et déchassez.	8 temps.
Traversez.	8 temps.
Chassez et déchassez.	8 temps.
Balancez ou traversez.	8 temps.
Tour de mains.	8 temps.

Contre-partie pour les 6 autres.

SAINT-SIMONIENNE.

GALOP.

Huit glissades à l'opposé avec la dame, et huit glissades pour revenir à sa place.

En avant quatre et en arrière.

En avant quatre, les cavaliers changent de dames, et prennent celles de leurs vis-à-vis, chaîne des dames.

En avant quatre et en arrière, en avant quatre, et les cavaliers reprennent leurs dames et se retrouvent à leurs places.

Contre-partie pour les 6 autres.

Final, Galop, en rond tout le monde.

FIRST SET. — N° 5.

LA FINALE.

The grant round.
Opposite lady and gentlemen advance and
    retire.
Chassez to the right and left.
Cross over.
Chassez to the right and left.
Balancez and turn partners to places.
Chassez all eight to finish.
        The same for the 6 others.

GALOPPADE.

Eight slide to the opposite side with his lady,
    and eight slide to return to his place.
Advance four and retire.
Advance four, a second time, the gentlemen
    change ladies, and take their opposfte one's.
The ladie's chain.
Advance four and retire, advance four a second
    time, the gentlemen take their ladies again,
    and find themselves again in their placee.
        The middle party for the 6 others.
Finishing all galop round.

REPERTORY

OF FRENCH AND ENGLISH

QUADRILLES

BY

Mr Boizot

DANCING - MASTER

—

SECOND SET.

SECOND SET. — Nº 1.

Les dames en moulinet de la main droite, un demi-tour, tour de main gauche avec les cavaliers de vis-à-vis, continuez le moulinet, et tour de main avec leurs cavaliers à leurs places.

La chaîne des dames.

Figurez à droite.

Chassez ouvert formant deux lignes.

En avant, en arrière, reprenez vos dames, et à vos places.

Contre-partie pour les 4 autres.

SECOND SET. — Nº 2.

Une dame en avant, tour de mains à trois avec le cavalier de vis-à-vis et sa dame et retourne à sa place.

Chassez croisez quatre, traversez de suite.

Chassez croisez encore et retraversez à vos places en formant le carré.

Balancez et tour de mains.

Contre-partie pour les 6 autres.

SECOND SET. — N° 1.

The ladies half hands across with their right
hand , turn the opposite gentlemen with
their left , continue the hands across and
turn partners to places.
The ladie's chain.
The opposite couples figure to the right.
Chassez ouvert forming the line top and
bottom.
Advance and retire, turn partners to places.
Four others the same.

SECOND SET. — N° 2.

The first lady advance to the opposite lady and
gentleman , hands three round and return
to places.
Chassez croisez four, cross over immediately.
Chassez croisez again , and return to places
having formed the square.
Balancez and turn partners.
Six others the same.

SECOND SET. — N° 3.

La chaîne des dames.
Une dame seule deux fois.
Un cavalier idem.
La chaîne anglaise.
    Contre-partie pour les 6 autres.

SECOND SET. — N° 4.

Le cavalier et sa dame en avant et en arrière.
En avant laissant la dame.
Chassez déchassez, tour de mains.
Chaîne anglaise.
Balancez à la dame du côté, tour de mains formant deux lignes.
En avant, en arrière et tour de mains, à vos places.
    Contre-partie pour les 6 autres.

SECOND SET. — N° 5.

La première dame et cavalier vis-à-vis, chassez

SECOND SET. — N° 3.

The ladie's chain.
A lady twice forward and back.
The gentleman the same.
Right and left.
 Six others the same.

SECOND SET. — N° 4.

First lady and gentleman advance and retire
 twice.
The second time the lady crosses over to the
 left of the opposite gentleman.
Chassez to the right and left and turn to places.
Right and left.
Set to the corners and turn, forming two lines.
Advance and retire and turn partners to places.
 Six others the same.

SECOND SET. — N° 5.

Opposite lady and gentleman chassez to the

à droite et à gauche, tour de mains, à vos places.

Les deux dames en avant, en arrière.

Dos-à-dos.

Les quatre cavaliers joignent leurs mains droites à leurs dames, au même temps, leurs mains gauches au milieu, tous formant une croix.

Les quatre cavaliers changent de places avec leurs dames.

Les quatre dames, venant au milieu, joignent les mains gauches et droites, en forme de cage.

Un tour à gauche pendant que les cavaliers font le tour à droite, en dehors, et retournent à leurs places.

Contre-partie pour les 6 autres.

right and left and turn round wit right and
to places.

Opposite ladies forward and back.

Dos-à-dos.

The four gentlemen join left hands in the
centre at the same time their right to their
partners.

Set and change places.

Ladies in the centre.

Hands across in the form of a cage.

Ladies go round to the left, while gentlemen
go round outside to the right and turn to
places.

Six others the same.

THIRD SET. — Nᵒ 1.

Le grand carré les huit.
Balancez et tour de mains.
Chaîne des dames.
Demi-queue du chat.
Demi-chaîne anglaise.
    Contre-partie pour les 4 autres.

THIRD SET. — Nᵒ 2.

Un cavalier seul en avant et en arrière.
La dame idem.
Traversez deux.
Chassez et déchassez.
Balancez.
Un tour de mains.
    Contre-partie pour les 6 autres.

THIRD SET. — Nᵒ 3.

Le cavalier et la dame de vis-à-vis, traversez en donnant la main droite, retraversez en donnant la main gauche.
Les deux dames figurent à gauche : tour de

THIRD SET. — N° 1.

The grand square all eight.
Balancez and turn partners.
Ladie's chain.
Half promenade.
Half right and left.
    Four others the same.

THIRD SET. — N° 2.

One gentleman advance and retire.
Nhe lady the same.
Cross over two.
Chassez to the right and left.
Balancez and turn partners.
    Six others the same.

THIRD SET. — N° 3.

The opposite lady and gentleman cross over in
    giving the right hand , cross back again in
    giving the left.
The two opposite ladies figure to the left to the

mains à trois sur les côtés, et reviennent
leurs places.

Les quatre cavaliers figurent devant les quatr
dames en commençant à gauche, et revier
nent à leurs dames.

Demi-promenade, demi-chaîne anglaise.

Contre-partie pour les 6 autres.

THIRD SET. — N° 4.

Demi-chaîne anglaise, tour de mains.

En avant deux, en arrière, dos-à-dos.

Balancez deux fois les quatre de vis-à-vis
demi-rond à quatre, à vos places.

Chaîne des dames.

Chassez croisez les huit sur les côtés, ballotez
et recroisez à vos places.

Contre-partie pour les 6 autres.

THIRD SET. — N° 5.

Chassez à droite et à gauche.

Dos-à-dos.

Un cavalier avec sa dame en avant et er
arrière.

side couples, hand three round and return
tho their places.
The four gentlemen figure before each lady,
beginning with the left, and return to their
partners.
Half promenade and half right and left.
Six others the same.

THIRD SET. — N° 4.

Half right and left, turn your partner with both
hands.
Opposite lady and gentleman advance and
retire, pass back to back.
Balancez twice the four opposite, hands four
half round to your places.
Ladie's chain.
Chassez across all eight at the sides and set,
chassez back again to your places.
Six others ther same.

THIRD SET. — N° 5.

Chassez to the right and left.
Back to back.
A gentleman with his partner twice forward.
The second time the lady crosses over.

La seconde fois, la dame traverse et le cavalier
va en arrière.
Le cavalier de vis-à-vis et les deux dames en
avant deux fois.
Demi-rond à quatre.
Demi-chaîne anglaise.

Contre-partie pour les 6 autres.

THIRD SET. — N° 6.

La grande promenade.
Chaîne des dames.
Les deux dames changent de place.
Les deux cavaliers   idem.
En avant, en arrière les quatre, et demi-chaîne
anglaise.
Les dames en moulinet, les dames tournent
leurs cavaliers, reviennent en moulinet,
tout un tour entier et à vos places.

Contre-partie pour les 6 autres.

Chassez huit à la fin.

The gentleman and two ladies advance and
    retire twice.
Hands four half round.
Half right and left to places.
    Six others the same.

THIRD SET. — N° 6.

The grand walk, or promenade.
The ladie's chain.
The two ladie's change places.
The two gentlemen   idem.
Advance and retire four, and half right and
    left. The ladies hands across with their
    right hand turn quite round , the gentle-
    men join their left and turn their partners ,
    the ladies return again to the hands across
    without letting go the left hand , all eight
    round in that figure , and promenade to
    places.
    The same for the 6 others.
    Chassez all eight to finish.

LES
LANCIERS

CÉLÈBRE

Quadrille Anglais

AVEC L'EXPLICATION DES FIGURES

réglées par

MM. BOIZOT PÈRE ET FILS

LES LANCIERS

QUADRILLE ANGLAIS.

La Dorset.

Les quatre premières figures se jouent 4 fois
et la dernière 8 fois ; cette dernière s'exécute
avec le pas de la Polka.

8 mesures à attendre — La première Dame et
le cavalier vis-à-vis vont en avant et en arrière,
font tour de main de la main droite et finissent
à leur place.

(8 mesures) La première Dame et son Cavalier
se donnant la main font un tiroir avec le couple
vis-à-vis en passant au milieu et revenant en
dehors chacun de son côté (8 mesures). Balancé
et tour de mains ; le Cavalier avec la dame qui
est à sa gauche et la dame avec le Cavalier qui
se trouve à sa droite (8 mesures). Les 6 autres
font de même.

Lodoiska.

8 mesures à attendre. Le premier Cavalier et
sa Dame vont en avant et en arrière une fois,
en avant une seconde fois et le Cavalier fait tour-

ner sa Dame en face de lui (8 mesures). Ils fon
un à droite et à gauche et tour de mains des
deux mains (8 mesures).

Le Cavalier de droite vient donner sa main
gauche à la dame et la dame de gauche sa main
droite au Cavalier pour former une ligne, les 4
autres personnes se placent de même en face
les deux lignes vont en arrière et chaque Cavalier
fait tour de main avec sa Dame pour terminer
chacun à sa place (8 mesures). Les 6 autres
font de même.

La Native.

8 mesures à attendre. La première Dame et
le Cavalier vis-à-vis en avant et en arrière une
fois, en avant une seconde fois, se saluent et
reculent (8 mesures). Les Dames avancent et
se donnent toutes les quatre la main droite pour
former une croix ; elles tournent un demi tour
et font tour de main de la main gauche avec le
Cavalier qui leur fait vis-à-vis comme dans la
chaîne des Dames, se donnent de nouveau la
main droite au milieu, tournent demi tour et
finissent la chaîne des Dames ave leur cavalier
(8 mesures). Les 6 autres font de même.

* Les Grâces.

8 mesures à attendre. Le premier couple va en visite au couple à sa droite et salue, fait demi tour et salue le couple de gauche (8 mesures). Les quatre personnes qui se trouvent face à face font un croisé aller et venir, les dames passent devant, le Cavalier reconduit sa Dame (8 mesures). Il fait une chaîne anglaise avec ses vis-à-vis. Les 6 autres de même.

Les Lanciers.

Partir de suite. Chaîne plate tout le tour; les Cavaliers vont par la droite et les dames par la gauche (16 mesures). Le premier couple fait un demi tour sur place (2 mesures), le couple de droite se place derrière (2 mesures), le couple de gauche derrière le précédent (2 mesures),

---

* Cette figure se fait souvent double, les deux cou-ples vis-à-vis allant en visite ensemble.

et le vis-à-vis du premier couple se place derrière les trois autres (2 mesures). Les quatre couples font un croisé aller et retour (8 mesures).

Promenade en dehors, les Cavaliers à gauche et les dames à droite pour revenir où ils sont partis (8 mesures) ; revenus à leur place, les Cavaliers se donnent la main en ligne, les Dames, de même en face, en avant et en arrière et tour de mains (8 mesures). La même chose pour les 6 autres et finir par la chaîne plate.

Il est nécessaire, dans la chaîne plate, que les couples marquent chaque quatrième pas de Polka sur place en se donnant la main droite.

DESCRIPTION DES FIGURES

DU CÉLÈBRE

QUADRILLE CALÉDONIEN

ÉCOSSAIS

Rival du Quadrille des Lanciers

HOMMAGE

A Monsieur et Madame Dillon

CONSUL GÉNÉRAL & CHARGÉ D'AFFAIRES A HAÏTI

Importé en France,
et dansé dans les salons de M. BOIZOT,
professeur de danse, auteur de la *Mazeppa* et du
Quadrille américain, rue Saint-Honoré, 247.

La musique pour Piano
arrangée par HENRI **BOIZOT**

1re FIGURE. — PANTALON.

MY LOVE SHE'S BUT A LASSIE YET.

Les 4 opposés moulinet à droite et à gauche
(8 mesures), balancez (4 mesures), tour de mains

(4 mesures), les 4 couples en avant et en arrière (4 mesures), les 4 cavaliers présentent la main gauche à leurs dames de gauche, et tournent (2 mesures), reviennent à leurs places en tournant (2 mesures) avec leurs dames respectives. La grande promenade les 4 couples ensemble (8 mesures).

Contre partie pour les 4 autres.

2e FIGURE. — L'ÉTÉ.

LOGIE O' BUCHAN.

Le premier cavalier en avant deux fois et en arrière (8 mesures), les 4 dames balancent aux cavaliers à leur droite 4 mesures, et font un demi tour de mains (2 mesures) avec les cavaliers devant lesquelles elles balancent et un second demi tour de mains avec leurs cavaliers respectifs (2 mesures). La grande promenade les 4 couples (8 mesures).

Contre partie pour les 6 autres.

3e FIGURE. — LA POULE.

BANKS OF THE DEE.

En avant deux et en arrière (4 mesures), dos-

-dos (4 mesures), les tiroirs (8 mesures), les
cavaliers balancent à leurs dames de gauche
(4 mesures), et tour de mains avec leurs dames
(4 mesures), le grand rond en se donnant les
mains tous les huit (8 mesures).

Contre partie pour les 6 autres.

4e FIGURE. — LA PASTOURELLE.

WHEN PARTED.

La première dame et le cavalier opposé en
avant et restez (2 mesures), le partner et sa
dame la même chose (2 mesures), les 2 cavaliers
présentent leurs mains à leurs dames en les
ramenant à leurs places en tournant (4 mesures),
les 4 dames changent de place en allant à droite
(2 mesures), les 4 cavaliers changent de place
en allant à gauche et passant derrière les dames
(2 mesures), les 4 dames changent encore de
place en allant à droite (2 mesures), les 4
cavaliers changent encore de place en passant
derrière les dames (2 mesures), et chaque
cavalier se retrouve changé de place avec sa

dame respective. Les 4 couples font une demi
promenade à leurs places (4 mesures), tour de
mains les 4 couples avec leurs dames (4 mesures).
Contre partie pour les 6 autres.

5ᵉ FIGURE. — LA GRANDE PROMENADE.

GORDON OF LESMOR.

8 mesures d'introduction.

Le premier cavalier et sa dame figurent
devant les autres couples (8 mesures), les 4
dames en avant (2 mesures), balancez (2 mesures), en arrière (2 mesures), balancez (2 mesures), les 4 cavaliers en avant (2 mesures), en
arrière (2 mesures), balancez (2 mesures),
les quatre couples balancent à leurs dames
(4 mesures), tour de mains (4 mesures), demi
chaîne plate (4 mesures) à l'instar des *Lanciers*.
Promenade les 4 couples à leurs places (4 mesures), chassez-croisez les huit (2 mesures),
demi balancé (2 mesures), déchassez à vos places
(2 mesures), demi balancé (2 mesures).
Grande promenade les 4 couples (8 mesures)

pour finir, les 8 mesures dernières se feront par la Valse-Galop.

Contre partie pour les **6** autres.

NOTA. Ce Quadrille se danse à **4** cavaliers et **4** dames, à l'instar des Lanciers.

------•------

Le Calédonien, quadrille écossais, par H. BOIZOT, a été dansé pour la première fois le 24 décembre 1857, au Théâtre des Délassements-Comiques, dans la revue *Suivez le Monde.*

QUADRILLE AMÉRICAIN

Hommage

A M. MURPHY

De la Nouvelle-Orléans (Louisiane)

QUADRILLE AMÉRICAIN,
dédié à la Nation américaine par MM. Boizot père et
fils, professeurs de danse, rue St-Honoré, 247.

-co-

PREMIÈRE FIGURE.

THÉORIE.

Nombre illimité de danseurs.

Fête nationale à Washington.

Les deux cavaliers vis-à-vis l'un de l'autre
donnent la main droite à leurs dames et s'a-

vancent avec elles (4 temps , 2 mesures) ; le
cavaliers présentent leurs mains aux dame
vis-à-vis et font un demi-rond avec elles e
changeant de place (4 temps , 2 mesures , d
qui fait 4 mesures) ; chassez, croisez (4 me
sures 8 temps). Les cavaliers retraversent d
la même manière en reprenant leurs dame
(4 mesures) ; chassez, croisez (4 mesures).

Les 4 cavaliers vont faire un balancé à leu
dames de gauche (4 mesures) ; les 4 cavalie
présentent leur main gauche aux dames devai
lesquelles ils viennent de balancer et font u
demi-tour de mains avec elles (2 mesures) , d
représentent la main droite à leurs dames e
faisant un demi-tour de mains (2 mesures
Chaîne croisée américaine, c'est-à-dire qu
les deux cavaliers donnent la main gauche à l
main gauche de leurs dames, les font passe
devant eux et traversent avec elles.

Les cavaliers passent en dedans et les dame
en dehors (4 mesures) , retraversent de l
même manière pour revenir à leur place.

Répétition de la même figure pour les ligne
opposées ou 4 autres.

DEUXIÈME FIGURE.

Chant des Nègres.

Le cavalier s'avance avec sa dame et s'en revient avec elle (4 mesures) ; il s'avance une deuxième fois avec sa dame, laquelle traverse en ligne directe à la gauche du cavalier de vis-à-vis, et lui, recule en arrière (4 mesures). Ce même cavalier traverse au milieu des dames, lesquelles traversent en ligne directe en se regardant (4 mesures) ; le cavalier avance et s'en revient ainsi que les deux dames (4 mesures) ; le cavalier avance une deuxième fois ainsi que les deux dames (2 mesures, et 2 mesures de salut légèrement exécuté, ce qui fait 4 mesures). Le cavalier, après le salut, présente les deux mains aux deux dames et fait un rond à trois en faisant passer la dame de son vis-à-vis entre lui et sa dame, puis tous retournent à leur place, et en même temps le cavalier restant fait le tour de main avec sa dame, qui revient à lui (4 mesures).

De même pour les 6 autres.

TROISIÈME FIGURE.

Sérénade sur le Mississipi.

Les deux cavaliers avec leurs dames de vis-
à-vis traversent à gauche en ligne droite (4
mesures), un tour de mains en tournant sur
place à gauche (4 mesures ; les deux cavaliers
retraversent main gauche, ainsi que les deux
dames (4 mesures); tous les cavaliers font un
tour de mains et placent leurs dames devant
eux dans le milieu du rond. Les dames se
donnent les mains et se tournent le dos (4
mesures) ; les dames tournent à droite dans
l'intérieur du quadrille, jusqu'à ce qu'elles se
retrouvent vis-à-vis de leurs cavaliers ; en
même temps, les cavaliers tournent à gauche
en marchant et en faisant un léger salut de la
main droite à chaque dame (8 mesures) ; les
cavaliers reprennent leurs dames de la main
gauche et font un tour de mains (4 mesures) :
répétition pour les 6 autres.

QUATRIÈME FIGURE.

Stecple-Chase.

Les deux dames vont seules en avant et en arrière (4 mesures) ; les deux cavaliers de même seuls (4 mesures) ; tour de mains des deux couples , et les deux cavaliers viennent se placer devant leur dame dans le milieu du rond en se tournant le dos (4 mesures).

Chassez, croisez (4 mesures) ;
Chaîne entrelacée des dames (8 mesures) ;
Chaîne croisée américaine (8 mesures).
Répétition pour les 6 autres.

CINQUIÈME FIGURE.

4 juillet, anniversaire de l'indépendance de l'Amérique à Washington.

Tous les cavaliers passent derrière leurs dames et vont présenter leur main gauche aux dames de droite, lesquelles viennent au devant d'eux et font un demi-tour (4 mesures) ; ensuite les cavaliers retournent à leur place en présentant leur main droite à leur dame en exécutant un tour de main (4 mesures).

Toutes les dames en avant et en arrière seules (4 mesures), tous les cavaliers de même seuls (4 mesures) ; les deux lignes dansantes font une demi-chaîne américaine (4 mesures), les deux lignes opposées une demi-chaîne américaine (4 mesures) ; les premières lignes retraversent par une demi-chaîne américaine (4 mesures) ; les deux autres lignes retraversent de même en revenant en place (4 mesures).

16 mesures de walse par tout le monde *.

Répétition de la figure pour les 6 autres.

Cette figure doit être répétée entièrement quatre fois , après quoi on finit par une walse générale.

---

* Au lieu de la valse, on peut faire un galop à 2 temps ou simple promenade à son rang.

Ce n'est que dans le cas où la grandeur du salon et le nombre des danseurs nécessiteraient cette reprise qu'on la ferait, autrement on irait de suite au 2/4 (2da) ; mais cependant pour finir il faudra s'arrêter à la mesure qui est indiquée 1ma et dans laquelle se trouve le mot *fin*.

CHORÉGRAPHIE

Parmi les règles qui constituent la valse, n'en est pas de plus essentielle, de plus simple, et aussi, il faut le dire, de plus difficile à observer que celle qui consiste à faire tenir *les pieds à plat dans toutes les positions voulues.*

En disant que la simplicité de cette règle ne fait pas qu'on l'applique naturellement, sans efforts, nous n'apprenons rien aux maîtres, ou aux élèves déjà avancés ; nous avons seulement en vue les personnes qui sont tout-à-fait étrangères à l'art de la danse ; et nous prions celles d'entre elles qui seraient portées à nous taxer de paradoxe, de vouloir bien se rappeler combien leur maître d'écriture a eu de peine, combien il leur a peut-être fait couler de larmes, pour leur apprendre à tenir leur main et leur plume dans *une position naturelle ;* ou bien encore, nous les engageons à aller dan une caserne se faire une idée, par elles-mêmes, de la patience et des soins qu'un supérieur instructeur doit déployer pour amener certains conscrits à tourner la tête de gauche à droite et de droite à gauche.

Le valseur ou la valseuse étant à plat sur les pieds, il lui est facile de se tenir droit, condition sans laquelle il n'y a pas de bon maintien possible. Nous recommandons au cavalier de se cambrer légèrement et de rejeter un peu la tête en arrière, de manière à voir par-dessus les épaules de sa dame et d'éviter par là, en étant toujours à même de battre en retraite en valsant à rebours, les inconvénients parfois très burlesques qui naissent d'une trop grande presse, ou d'une invasion dans la ligne des valseurs de couples peu expérimentés.

Sous tous les rapports, la valse à trois temps est la plus belle, cette vieille douairière que l'on délaisse pour vouloir valser un genre nouveau et ridicule, qu'on nomme valse à deux temps, exécutée sans principes ni raisonnement par presque tous nos valseurs à la mode, qui généralement n'en connaissent pas davantage, vu que pour eux il est plus facile de valser le galop , lequel ne demande pas de maître ni d'étude ; aussi dansent-ils sans mesure , sans tournure, ni grâce, et si on leur demandait de vous battre la mesure de ce qu'ils exécutent, ils seraient fort embarrassés. Moi, comme professeur et originaire du pays de la valse , je traiterai ce sujet dans mon ouvrage tel que cela doit être dansé , mais jamais aucun genre ne sera plus beau que la valse saxonne à trois temps ; avec un peu de persévérance et en apprenant méthodiquement avec un maître, on peut tout réunir à la fois , grâce , légèreté et mesure.

LA VALSE.

La valse à trois temps , dite aussi valse allemande ou saxonne, étant la plus usitée, la plus belle et aussi la plus longue à apprendre, nous en détaillerons les règles. Le pas de cette valse est composé en réalité de six temps ou mesure. L'élève se placera à la troisième position, c'est-à-dire que le talon de son pied droit viendra s'appuyer contre le milieu de son pied gauche, les deux pieds bien ouverts. Partant de cette position, l'élève avancera son pied droit en le glissant et sans bouger son pied gauche , c'est le premier temps. Puis il glissera son pied gauche qui viendra rejoindre le pied droit et s'appuyer contre le talon de ce dernier , c'est-à-dire dans la première position, c'est le second temps. Le pied droit glissera de nouveau en avant , comme il avait déjà fait (troisième temps). Alors l'élève portera son pied gauche en dedans, en forçant la hanche gauche et par un mouvement de conversion (deuxième mesure, quatrième temps). Puis, en arrondissant, il rapprochera le pied droit du pied gauche, de manière à ce que le talon du dernier soit fixé contre le milieu du premier, c'est le cinquième temps. Enfin , pour le sixième temps , l'élève soulevant légèrement les talons , pivotera sur la pointe des pieds , et ramènera le talon du pied droit contre le milieu du pied gauche.

La jambe droite étant ainsi passée devant, et l'élève ayant fait un mouvement de conversion avec ce sixième temps , il se retrouvera à la troisième position par laquelle il a commencé. Tous ces temps de la valse doivent être faits et étudiés régulièrement et non saccadés. Ils ne doivent pas être faits plus vite ni plus lentement les uns que les autres, car la musique n'a point ces irrégularités. Les pas doivent être faits naturellement et avec aisance ; il ne faut ni trop plier sur les jambes , ni les tenir trop tendues. Enfin les élèves sujets à s'étourdir ne devront pas fixer les yeux à terre , mais porter leurs regards autour d'eux , à la hauteur ordinaire.

DE LA VALSE A TROIS TEMPS.

Il est essentiel pour les personnes qui voudront acquérir la perfection , de suivre exactement la description que j'ai faite dans mon dernier article : d'abord étudier le pas lentement , donner une égalité dans tous les mouvements, compasser le pas par une régularité de persévérance , sans donner des secousses dans l'exécution , lesquelles deviennent fatigantes. Ainsi les élèves acquerront en peu de temps une belle manière de valser ; le cavalier principalement doit se rappeler que c'est de lui que tout dépend ; la valse est beaucoup plus difficile pour lui, parce que c'est lui qui conduit ; il doit en outre faire bien attention au rythme de la musique , chercher à donner à sa valse le cachet gracieux que l'harmonie de la musique nous inspire. Mais malheureusement, tout le monde croit que la valse n'est rien , qu'il suffit pour pouvoir valser , de voir valser ; la camaraderie des salons est pour beaucoup dans tout cela. Mais hélas ! quelle erreur ! quand on s'aperçoit soi-même que l'on ne peut valser et qu'on est ridicule ; alors l'on court bien vite chez un professeur prendre leçon et là on voit que tout doit être appris, d'abord pour savoir , ensuite pour être parfait.

DESCRIPTION DES FIGURES

DU

QUADRILLE DE LA PAIX

HISTORIQUE

DÉDIÉ

aux Alliés Franco-Sardes

Composé par BOIZOT, professeur de danse, auteur
du célèbre *Quadrille américain*, *Mazeppa Boizot*,
rue Saint-Honoré, 247, à Paris.

PREMIÈRE FIGURE.

L'entrée en campagne. LE LAC MAJEUR.

Les cavaliers Nᵒˢ 1 et 2, vont se présenter
chacun à droite devant les cavaliers 3 et 4 en
faisant passer leurs dames devant eux en
croisant, comme les cavaliers 3 et 4 font

également passer leurs dames devant eux, et les 4 cavaliers changent de place (4 mesures); les cavaliers 1 et 2 répètent une deuxième fois le même tableau à la droite (4 mesures), et les quatre cavaliers se trouveront changés de place; les quatre dames vont faire un moulinet de la main droite et un retour main gauche en présentant la main droite à leurs cavaliers, lesquels les reçoivent en faisant un léger salut (8 mesures); les cavaliers 1 et 2 retournent à leurs places par la gauche, en faisant une demi-chaîne Franco-Sarde (de 4 mesures) avec le couple de gauche et une deuxième fois (4 mesures), encore avec l'autre couple de gauche et chaque couple se retrouve a sa place.

Contre-Partie pour les 6 autres.

DEUXIÈME FIGURE.

L'entrevue.

Le cavalier N° 1 prend sa dame de gauche et avance avec les deux dames, en avant trois et en arrière (4 mesures), avance une deuxième fois, et fait passer sa dame de droite devant lui et sa dame de gauche, en les faisant traverser en croisant, et lui recule en arrière (4 mesures), chassez-croisez à trois (4 mesures) ; les deux dames doivent dans ce chassez-croisez, passer chacune à leur tour, l'une devant et l'autre derrière, traversez (4 mesures) ; le cavalier passe au milieu, et les deux dames en traversant se croisent en avant et en arrière tous les trois (4 mesures) ; retour en place par un rond à trois, en faisant passer la dame au milieu (4 mesures).

Contre-Partie pour 6 autres.

TROISIÈME FIGURE.

Le Bouquet du Quadrilatère.

Traversez (4 mesures) les cavaliers N°ˢ 1 et 2 en ligne directe, les cavaliers passant dans le milieu et se trouvant en face de leurs dames, les cavaliers N°ˢ 3 et 4, également (4 mesures). Balancez tous les quatre couples (4 mesures), tour de main de la main gauche avec leurs dames, et les quatre dames viennent former un groupe en se donnant la main droite et présentant leur main gauche à leurs cavaliers, c'est-à-dire, que les dames croisent leur main gauche devant elles, et les cavaliers forment groupe avec elles (4 mesures) ; le groupe de cavaliers et de dames feront en tournant tous ensemble un tour de 8 mesures à droite ; les cavaliers 1 et 2 retournent à leur place par la gauche, en faisant une demi-chaîne, Franco-Sarde de 4 mesures, avec le couple de gauche, et une deuxième fois (4 mesures) encore avec l'autre couple de gauche, et chaque couple se retrouve à sa place.

Contre-Partie pour les 6 autres.

QUATRIÈME FIGURE.

Le Mincio.

Le cavalier et sa dame de vis-à-vis, traversez en donnant la main droite (4 mesures), retraversez main gauche (4 mesures) ; les deux dames figurent à gauche (4 mesures), tour de main à trois (4 mesures); les dames reviennent à leurs places, les quatre cavaliers figurent devant les quatre dames de gauche par un balancez (4 mesures) ; reviennent à leurs places par un tour de main (2 mesures) avec les dames devant lesquelles ils balancent, et un deuxième tour de main (2 mesures) avec leurs dames, demi-promenade (4 mesures), demi-chaîne Franco-Sarde (4 mesures).

Contre-Partie pour les 6 autres.

CINQUIÈME FIGURE.

La Paix.

Tous les cavaliers passent derrière leurs dames et vont présenter leur main gauche aux dames de droite, lesquelles viennent au devant d'eux et font un demi-tour (4 mesures), ensuite, les cavaliers retournent à leur place en présentant leur main droite à leur dame, en exécutant un tour de main (4 mesures) en avant et en arrière les quatre couples (4 mesures), chassez croisez les quatre couples (4 mesures), balancez les quatre couples (4 mesures), tour de main de la main droite avec leurs dames (4 mesures), et les cavaliers viennent se donner la main droite en formant une croix, et leur main gauche à leurs dames formant un groupe général; ils tourneront tous ensemble jusqu'à leurs places (8 mesures).

Contre-partie pour les 6 autres.

On terminera par un galop général la cinquième fois.

DESCRIPTION

DE LA

VALSE A DEUX TEMPS

VIENNOISE OU VALSE GALOP

Le cavalier dégagera son pied gauche sur le côté à la deuxième position, la pointe du pied en dehors pour son premier temps, et par un chassé saccadé de son pied droit formant son deuxième temps, le pied gauche avancera la pointe du pied tourné en dedans à la même position de son premier temps, et pour continuer la valse, étant dans cette position, il pivotera légèrement sur le pied gauche, en ne mettant aucune raideur dans le mouvement que le corps est obligé de faire ; il glissera son pied droit à la deuxième position également sur le côté, la pointe du pied en dehors afin de ne pas rencontrer le pied de la dame et fera un chassé saccadé par le pied gauche sur le pied droit, ce qui fait le complément du pas exécuté de chaque jambe.

La dame commencera cette valse du pied droit, et suivra cette même théorie.

RUE SAINT-HONORÉ, 247

Près de l'Assomption

MM. HENRI & ÉMILE

BOIZOT FRÈRES

Professeurs de Piano et Violon

DONNENT DES LEÇONS CHEZ EUX ET EN VILLE

Font les Bals de Société au Piano
et à Orchestre.

·STREET SAINT-HONORÉ, 247

Near the Assomption

MASTERS HENRI AND ÉMILE

B O I Z O T BROTHERS

Professors at Piano and Violin

GIVE LESSONS AT HOME AND IN TOWN

They also play at private Balls on the Piano, or in an Orchestre (required).

NOUVELLES COMPOSITIONS

DE

BOIZOT Père et Fils

J. BILOIR. *La Mazeppa*, nouvelle Mazurke.

J. BILOIR. *La Napoléonide*, nouvelle Rédowa.

A. DESCOMBES. *La Polotzka*, nouvelle Mazurke.

A. DESCOMBES. *La Camaïga*, nouvelle Schottisch.

H. BOIZOT. *La Valéria*, nouvelle Varsoviana.

E. BURELLE. *Le Quadrille Américain*.

J. BILOIR. *La Schottisch*, Viennoise.

H. BOIZOT. *Anaïs*, Redowa-Mazurke.

H. BOIZOT. *Souvenir de la grande armée*, Polka militaire.

H. BOIZOT. *Pensez à moi*, Polka.

H. BOIZOT. *Les Petits Oiseaux*, grande Valse.

H. BOIZOT. *Le Calédonien*, Quadrille écossais.
Dansé pour la première fois le 24 décembre 1857, au théâtre des Délassements Comiques, dans la Revue *Suivez le Monde*.

H. BOIZOT. *La Mazeppa*, Romance pour Piano.

H. BOIZOT. *La Polkinade*, Danse originale, avec l'explication des Pas.

H. BOIZOT. *Le Quadrille de la Paix*.

H. BOIZOT. *Souvenir de Puruun*, Valse.

PARIS — TYP. A. APPERT, PASSAGE DU CAIRE, 60.

9 782329 682006